My first book of
Southern African
Mammals

Peter Apps

Illustrated by **Jennifer Schaum**

Afrikaanse teks in rooi

Umbhalo wesiZulu uluhlaza okwesibhakabhaka

Isikhokelo sesiXhosa sikwikhasi eliluhlaza

Introduction Inleiding Isingeniso Intshayelelo

Mammals are animals with hair, whose mothers fed them with milk when they were babies. There are 356 different kinds of mammal in

southern Africa, ranging in size from whales and elephants to mice and shrews. In this book, you will discover some mammals that you are likely to see in game reserves, wildlife parks or zoos, and others that are more difficult to find.

Soogdiere is diere met hare wat aan hul ma gedrink het toe hulle babatjies was. Daar is 356 verskillende soorte soogdiere in Suider-Afrika. Hulle wissel in grootte van walvisse en olifante tot muise en skeerbekmuise. In hierdie boek sal jy meer leer van sommige van die soogdiere wat jy moontlik in wildreservate of dieretuine sal sien en ander wat maar baie selde gesien word.

Izilwane ezincelisayo ziyizilwane ezinoboya, ezondliwa ngobisi ngonina lapho zisezincane. Kunezinhlobo ezahlukene ezingama-365 zezilwane ezincelisayo e-Afrika eseningizimu, ezibukhulu bazo busuka kumikhoma nezindlovu bufike emagundaneni nakongoso. Kule ncwadi uzothola izilwane ezincelisayo okungenzeka uzibone eziqiwini zezinyamazane, emapaki ezilwane zasendle noma kumazoo nezinye okunzinyana ukuzithola.

Izilwanyana ezanyisayo zizilwanyana ezinoboya, oonina bazo abazondla ngobisi xa zisencinci. Zingama-356 iintlobo zezilwanyana ezanyisayo kumazantsi e-Afrika, kuya ngokobukhulu beminenga neendlovu ukuya kwiimpuka noocwethe. Kule ncwadi, uyakufumana ezinye zezilwanyana ezanyisayo ongazibona kwithanga lezilwanyana, iipaki ezigcina izilwanyana zasendle okanye kwimizi yogcino-zilo, nezinye ekunzima ukuzifumana.

Most adult mammals live alone. Some mammals form large herds. Others live in social groups whose members care for one another.

Die meeste volwasse soogdiere leef alleen. Sommige vorm groot troppe. Ander leef in sosiale groepe waar die lede vir mekaar sorg.

Iningi lezilwane ezincelisayo ezindala lihlala lodwa. Ezinye zona zakha imihlambi emikhulu. Kanti ezinye ziba semaqenjini ahlalisanayo lapho amalungu enakekelana khona.

Uninzi lwezilwanyana ezanyisayo ezidala zihlala zodwa. Ezinye izilwanyana ezanyisayo ziyila imihlambi emikhulu. Ezinye ziphila kumaqela athanda ukuhlala kunye apho amalungu akhathalelanayo.

Different mammals eat meat, fish, insects, spiders, reptiles, fruit, leaves, grass, roots and honey. Some mammals eat plants, and have blunt teeth to grind their food; other mammals eat meat and have sharp, pointed teeth to catch, kill and cut up their prey.

Soogdiere eet vleis, vis, insekte, spinnekoppe, reptiele, vrugte, blare, gras, wortels of heuning. Soogdiere wat plante eet, het stomp tande om die kos te maal; soogdiere wat vleis eet, het skerp tande om hul prooi dood te byt en stukkend te skeur.

Izilwane ezehlukene ezincelisayo zidla inyama, izinhlanzi, izinambuzane, izicabucabu, izilwane ezihuqu-zelayo, izithelo, amacembe, utshani, izimpande noju. Ezinye zazo zidla izimila futhi zinamazinyo abuthuntu okugaya ukudla kwazo; kanti ezinye ezincelisayo zidla inyama futhi zinamazinyo abukhali acijile okubamba, abulale bese esika lokho okudliwayo.

Izilwanyana ezanyisayo ezahlukeneyo zitya inyama, intlanzi, izinambuzane, izigcawu, izilwanyana ezinegazi elibandayo ezirhubuluzayo, iziqhamo, amagqabi, ingca,iingcambu nobusi. Ezinye izilwanyana ezanyisayo zitya izityalo, kwaye zinamazinyo abuthuntu okucola ukutya kwazo; ezinye izilwanyana ezanyisayo zitya inyama, kwaye zinamazinyo abukhali atsolo okubamba, ukubulala nokunqunqa amaxhoba azo.

Clues to identifying mammals

Leidrade om soogdiere uit te ken Izindlela zokubona izilwane ezincelisayo Umkhondo ekwalatheni izilwanyana ezanyisayo

What colour is it?

Watter kleur is dit?

Ngabe simbala muni?

Ngumbala onjani?

Is it plain or does it have patterns?

Is dit net een kleur of het dit patrone?

Ngabe awunalutho noma unamaphethini?

Ingaba siqhelekile okanye ingaba sinemifuziselo?

Does it have hair, fur or bare skin?

Het dit hare, 'n pels of net 'n kaal vel?

Ngabe sinezinwele, uboya noma isikhumba esingenalutho?

Ingaba sinenwele, uboya okanye isikhumba esingenanto?

Does it have horns and what shape are they?

Het dit horings en watter vorm is hulle?

Sinezimpondo yini futhi ngabe zimi kanjani?

Ingaba sinazo iimpondo kwaye injani imilo yazo?

How to use this book

Hoe om hierdie boek te gebruik   Isetshenziswa kanjani le ncwadi
Isetyenziswa njani le ncwadi

Each page introduces a new mammal, and tells you something about it.

Elke bladsy stel 'n nuwe soogdier bekend en vertel jou iets daarvan.
Ikhasi ngalinye lethula isilwane esisha esincelisayo bese likutshela okuthize ngaso.
Iphepha ngalinye lazisa isilwanyana esanyisayo, kwaye likuxelela into entsha ngaso.

Short description of the mammal

Kort beskrywing van die soogdier
Incazelo emfushane yesilwane esincelisayo
Isilwanyana esanyisayo

Whether it is male ♂ or female ♀?

Of dit 'n mannetjie of wyfie is
Ngabe singesenduna noma esensikazi yini
Ingaba yinkunzi okanye yimazi

Always keep a safe distance from wild animals. Do not try to catch them or pick up any that are sick.

Bly altyd op 'n veilige afstand van wilde diere af. Moenie probeer om hulle te vang of om een op te tel wat siek lyk nie.

Njalo ubohambela kude nezilwane zasendle. Ungazami ukuzibamba noma ukucosha lezo ezigulayo.

Soloko ugcine umgama omde kwizilwanyana zasendle. Musa ukuzama ukuzibamba okanye uziphakamise nazo naziphina ezigulayo.

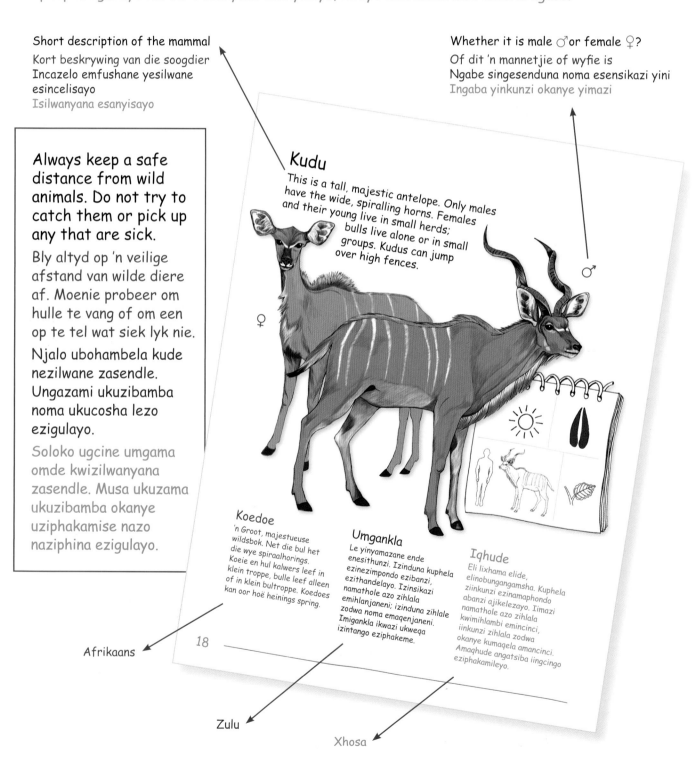

Kudu

This is a tall, majestic antelope. Only males have the wide, spiralling horns. Females and their young live in small herds; bulls live alone or in small groups. Kudus can jump over high fences.

♀

♂

Koedoe
'n Groot, majestueuse wildsbok. Net die bul het die wye spiraalhorings. Koeie en hul kalwers leef in klein troppe, bulle leef alleen of in klein bultroppe. Koedoes kan oor hoë heinings spring.

Umgankla
Le yinyamazane ende enesithunzi. Izinduna kuphela ezinezimpondo ezibanzi, ezithandelayo. Izinsikazi namathole azo zihlala emihlanjaneni; izinduna zihlale zodwa noma emaqenjaneni. Imigankla ikwazi ukweqa izintango eziphakeme.

Iqhude
Eli lixhama elide, elinobungangamsha. Kuphela ziinkunzi ezinamaphondo abanzi ajikelezayo. Iimazi namathole azo zihlala kwimihlambi emincinci, iinkunzi zihlala zodwa okanye kumaqela amancinci. Amaqhude angatsiba iingcingo eziphakamileyo.

18

Afrikaans

Zulu

Xhosa

A notebook appears alongside and it shows you:

'n Notaboekie verskyn by elke dier en wys jou:
Incwajana yamanothi ibekwe eduze futhi ikukhombisa:
Incwadi yamanqaku ibonakala ecaleni kwaye ikubonisa:

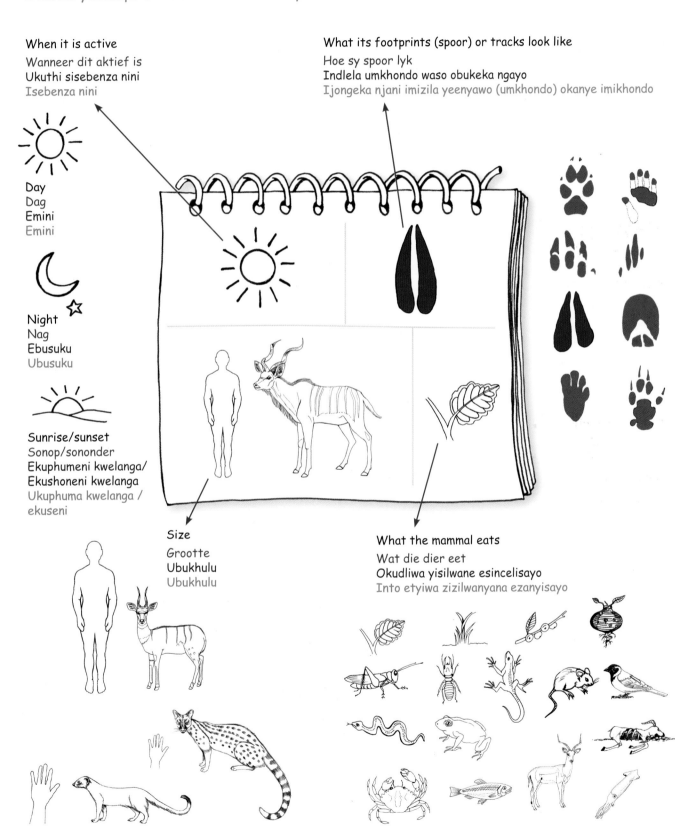

When it is active
Wanneer dit aktief is
Ukuthi sisebenza nini
Isebenza nini

Day
Dag
Emini
Emini

Night
Nag
Ebusuku
Ubusuku

Sunrise/sunset
Sonop/sononder
Ekuphumeni kwelanga/
Ekushoneni kwelanga
Ukuphuma kwelanga /
ekuseni

What its footprints (spoor) or tracks look like
Hoe sy spoor lyk
Indlela umkhondo waso obukeka ngayo
Ijongeka njani imizila yeenyawo (umkhondo) okanye imikhondo

Size
Grootte
Ubukhulu
Ubukhulu

What the mammal eats
Wat die dier eet
Okudliwa yisilwane esincelisayo
Into etyiwa zizilwanyana ezanyisayo

Elephant

The African elephant is the largest land mammal in the world. Cows and calves live in family herds, and bulls in small groups. An elephant eats 150 kg of vegetation each day, and produces 100 kg of dung. It rolls in water and mud to cool down.

Olifant

Die Afrika-olifant is die grootste landsoogdier ter wêreld. Koeie en kalwers leef in familietroppe en bulle in klein groepies. 'n Olifant eet elke dag 150 kg plantvoedsel, en bring 100 kg se mis voort. Dit rol in water en modder om af te koel.

Indlovu

Izindlovu zase-Afrika ziyizilwane ezincelisayo ezinkulu kunazo zonke emhlabeni. Izinkomazi namathole zihlala emihlanjini yemindeni bese izinkuzi zihlala zibe ngamaqenjana. Idla u-150 kg wezitshalo ngosuku ngalunye bese ikaka ubulongwe obungu-100 kg. Ibhuquza emanzini nasodakeni ukuze izipholise.

Indlovu

Iindlovu zase Afrika zezona
zilwanyana ziphila emhlabeni
ezanyisayo ehlabathini.
Iinkomo namankonyane zihlala
kwimihlambi yosapho, iinkunzi
kumaqela amancinci. Itya utyani
olungange-150 le-kg mihla
yonke, kwaye ivelisa i-100 le-kg
yobulongwe. Iziqikaqika emanzini
naseludakeni ukuzipholisa.

Rhinoceros

There are two kinds of rhino. White rhinos (shown here) live in small herds and graze on grass. Black rhinos (see p64) live alone and browse on trees; they can be bad tempered and dangerous. Rhinos like to wallow in mud and rub against scratching posts.

Renoster

Daar is twee soorte renosters. Witrenosters (wat hier gewys word) leef in klein troppe en eet gras. Swartrenosters (sien bl 64) leef alleen en eet boomblare; hulle kan humeurig en gevaarlik wees. Renosters rol graag in modder en skuur teen boomstamme.

Ubhejane omhlophe

Kunezinhlobo ezimbili zobhejane. Obhejane abamhlophe (isithombe esikhulu) bahlala emihlanjaneni futhi baphila ngotshani. Obhejane abamnyama (esifakwe ngezansi) bahlala bodwa futhi bafuna okudliwayo ezihlahleni; bangaba nolaka babe yingozi futhi. Obhejane bathanda ukubhuquza odakeni bese bezihlikihla ezinsikeni zokuzinwaya.

Umkhombe omhlophe

Kukho iintlobo ezimbini zomkhombe. Imikhombe emhlophe ithanda ingca emfutshane yokutya. Iimazi namankonyane zenza imihlambi emincinci, iinkunzi ezindala zigada imida kwaye ziphawula umhlaba wemida yazo ngemfumba yobulongwe. Izibhuqabhuqa eludakeni, izikhuhle kwindawo zokonwaya.

Hippopotamus

During the day the hippo rests in water to keep cool and safe from predators. It makes loud grunting noises when it comes up for breath. It comes out of the water at night to feed on grass. Bulls fight fiercely for territory.

Seekoei

Die seekoei rus bedags in water om koel en veilig teen roofdiere te bly. Maak harde snorkgeluide wanneer dit opkom om asem te skep. Dit kom snags uit die water om te wei. Bulle veg verwoed om 'n gebied.

Imvubu

Emini imvubu iphumula emanzini ukuze izigcine ipholile futhi iphephile ezilwaneni ezidla ezinye. Yenza imisindo ebhongayo lapho iphuma ukuzophefumula. Iphuma emanzini ebusuku izodla utshani. Amaduna alwela indawo ayengamelayo ngolaka.

Imvubu

Emini imvubu iphumla emanzini ukuzigcina ipholile kwaye ikhuselekile kumarhamncwa. Iyaphuma ebusuku iyokutya ingca. Yenza umgqumo omkhulu wengxolo xa iphumela ukuphefumla. Iinkunzi zilwela ummandla ngoburhalarhume.

9

Giraffe

The giraffe is the tallest animal in the world and can measure up to 5.5 m tall. Its height allows it to eat leaves that are too high for other animals to reach. Bulls fight by hitting each other's bodies with their head.

Kameelperd

Die kameelperd is die hoogste dier ter wêreld en kan tot 5.5 m hoog word. Die kameelperd se hoogte stel hom in staat om blare te eet wat ander diere nie kan bykom nie. Bulle veg deur mekaar se lyf met die kop te slaan.

Indlulamithi

Iyisilwane eside kunazo zonke emhlabeni futhi ingaze ifike ku-5.5 m ubude. Ubude bayo buyivumela ukuthi inqampune amacembe aphakeme kakhulu kwezinye izilwane. Izinkabi zilwa ngokushayana imizimba ngamakhanda azo.

Indlulamthi

Iyisilwane eside kunazo zonke emhlabeni futhi ingaze ifike ku-5.5 m ubude. Ubude bayo buyivumela ukuthi inqampune amacembe aphezulu kakhulu kwezinye izilwane. Izinkunzi zilwa ngokushayana imizimba ngamakhanda azo.

Plains zebra

Zebras live in small groups of mares with their foals and a stallion, and sometimes join together to form big herds. The zebra needs to drink every day, so it cannot go far from water. It can survive on poor quality grass by eating lots of it.

Vlaktesebra

Sebras leef in klein groepe merries met hul vullens en 'n hings en vorm soms groot troppe met ander groepe. Die sebra moet elke dag drink en kan nie ver van water wees nie. Dit kan van gras van swak gehalte leef deur baie daarvan te eet.

Idube lasethafeni

Amadube ahlala abe ngamaqenjana ezinsikazi namankonyane awo nenkunzi, futhi aye ahlangane enze imihlambi emikhulu ngesinye isikhathi. Idube lidinga ukuphuza nsuku zonke, ngakho-ke alikwazi ukuya kude namanzi. Likwazi ukuphila ngotshani obungekho esimweni esihle ngokubudla ngobuningi.

Iqwarha elisitywakadi

Amaqwarha ahlala kumaqela amancinci emazi namankonyane awo neenkunzi, ngamanye amaxesha adla ngokuzimanya kwimihlambi emikhulu. Iqwarha kufuneka lisele mihla yonke ngoko alikwazi ukuhlala kude namanzi. Lingaphila ngokutya ingca engekho semgangathweni.

Warthog

The warthog is active during the day and sleeps in holes in the ground at night. It uses its snout to dig up roots. When it runs, it sticks its tail straight up. It is not a very social animal, although sometimes it may form small groups.

Vlakvark

Die vlakvark is bedags aktief en slaap snags in gate in die grond. Dit grawe wortels met die snoet uit. Wanneer dit hardloop, staan die stert regop. 'n Vlakvark is nie n' baie sosiale dier nie, maar vorm soms klein groepies.

Intibane

Ilala emigodini esemhlabathini. Isebenzisa impumulo yayo ukwemba izimpande. Lapho igijima imisa umsila wayo uqonde mpo. Intibane akusona isilwane esiphilisana kakhulu nezinye yize ngesinye isikhathi ingenza amaqenjana.

Ingulube

Ingulube isebenza emini kwaye ilale kwimingxunya esemhlabeni. Isebenzisa impumlo yayo ukugrumba iingcambu. Xa ibaleka iphakamisa umsila wayo nkqo. Iingulube ayizozilwanyana ezithanda ukuhlala nezinye kakhulu, kodwa ngamanye amaxesha yenza amaqela amancinci.

Buffalo

Buffaloes live in herds of up to several hundred, although old bulls are usually found alone. Buffaloes need to drink every day and so they stay close to water. Buffaloes are very brave and strong and can fight off attacks from lions.

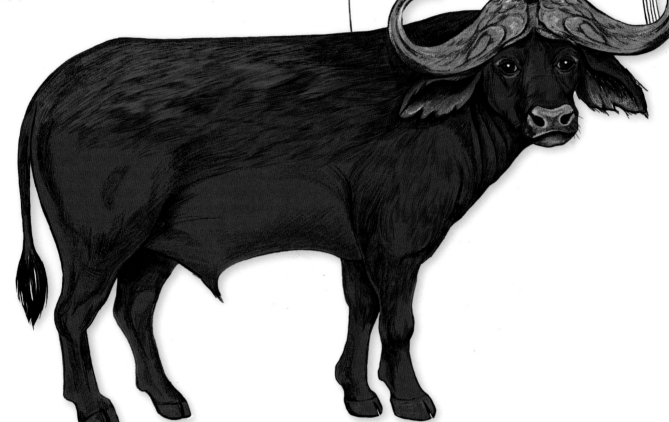

Buffel

Buffels leef in troppe van tot duisende, maar ou bulle word gewoonlik alleen aangetref. Buffels moet elke dag drink en bly daarom naby water. Buffels is baie dapper en sterk en kan aanvalle deur leeus afweer.

Inyathi

Izinyathi zihlala emihlanjini engafika kumakhulukhulu, yize izinkunzi ezindala zivame ukuba zodwa. Izinyathi zidinga ukuphuza nsuku zonke, ngakho-ke zihlala eduze namanzi. Izinyathi zinesibindi esikhulu futhi zinamandla kanti ziyakwazi ukulwa zizivikele emabhubesini.

Inyathi

Inyathi zihlala kwimihlambi efika kumakhulu aliqela, nangona iinkunzi ezindala zidla ngokuhlala zodwa. Iinyathi kufuneka zisele mihla yonke kwaye ngoko zihlala kufutshane namanzi. Iinyathi zikrelekrele kakhulu kwaye zinamandla zingazilwela xa zihlaselwa ziingonyama.

Eland

This is the biggest antelope in Africa. It lives in large herds and may move long distances to find food and water. It can live without water if it has fresh green grass or leaves to eat. Big bulls make a clicking noise when they walk.

Eland

Dit is die grootste wildsbok in Afrika. Dit leef in groot troppe en kan groot afstande aflê om kos en water te vind. Dit kan sonder water leef as dit groen gras of plantdele het om te eet. Groot bulle maak 'n klikgeluid wanneer hulle loop.

Impofu

Le yinyamazane enkulu kunazo zonke e-Afrika. Ihlala emihlanjini emikhulu futhi ingahamba amabanga amade ukuze iyothola ukudla namanzi. Iyakwazi ukuphila ngaphandle kwamanzi uma inotshani obuluhlaza noma amacembe amasha engawadla. Izinkunzi ezinkulu zenza umsindo oqoqozayo lapho zihamba.

Impofu

Eli lelona xhama likhulu e-Afrika. Ihlala kwimihlambi emikhulu kwaye ingahamba imigama emide ukufumana ukutya namanzi. Ingahlala ngaphandle kwamanzi ukuba inengca entsha eluhlaza okanye amagqabi okutya. Iinkunzi ezinkulu zenza ingxolo ebukhali xa zihamba.

Gemsbok

This large antelope lives in herds in dry areas. It moves long distances to find food and can survive without drinking water by eating wild melons and juicy roots. Both males and females have long, straight horns that are deadly weapons.

Gemsbok

Dié groot wildsbok leef in troppe in droë gebiede. Dit trek lang afstande om kos te soek en kan sonder drinkwater oorleef deur tsammas en sappige wortels te eet. Albei geslagte het lang, reguit horings wat dodelike wapens is.

I-gemsbok

Le nyamazane enkulu ihlala emihlanjini ezindaweni ezomile. Ihamba amabanga amade ukuyofuna ukudla futhi ikwazi ukuphila ngaphandle kokuphuza amanzi ngokudla amakhabe asendle nezimpande ezinamanzi. Bobubili ubulili bunezimpondo ezinde, eziqondile eziyizikhali ezibulalayo.

I-gemsbok

Eli xhama likhulu lihlala kwimihlambi kwiindawo ezomileyo. Lihamba imigama emide ukuze lifumane ukutya kwaye lingaphila ngaphandle kokusela amanzi ngokutya iivatala zasehlathini neengcambu ezinencindi. Zombini izini zinamaphondo amade athe nkqo, azizixhobo ezibulalayo.

Roan

This is the second-biggest antelope in Africa. It prefers areas with long grass that provides food and cover. Calves stay hidden for six weeks after they are born. The roan is rare in South Africa.

Bastergemsbok

Dit is die naasgrootste antiloop in Afrika. Dit verkies gebiede met lang gras wat kos en skuiling bied. Kalwers bly ná geboorte ses weke lank versteek. Die bastergemsbok is skaars in Suid-Afrika.

Impunga

Le yinyamazane yesibili ngobukhulu e-Afrika. Ithanda izindawo ezinotshani obude obunikeza ukudla nesiphephelo. Amathole ahlala efihlekile amasonto ayisithupha ngemuva kokuzalwa. Iyivelakancane eNingizimu Afrika.

I-roan

Eli lixhama lesibini ngobukhulu e-Afrika. Likhetha indawo enengca ende yokutya nokuzifihla. Amankonyana afihlwa iiveki ezintandathu emva kokuzalwa. Linqabile eMzantsi Afrika.

Sable

Male sables are glossy black, females browner, calves reddish brown. Both males and females have curved horns that are used in fighting. Females, calves and young males live in herds, but adult bulls live alone. Old females keep watch for danger.

Swartwitpens

Die bul is glansend swart, die koei bruiner, kalwers rooibruin. Albei geslagte het geboë horings wat in gevegte gebruik word. Koeie, kalwers en jong bulle leef in troppe, volwasse bulle leef alleen. Ou koeie hou wag teen gevaar.

Inkolongwane

Amaduna zimnyama ngokucwebezelayo, izinsikazi zinsundwana, amathole ansundu okubomvana. Bobubili ubulili bunezimpondo ezigobekile ezisetshenziselwa ukulwa. Izinsikazi, amathole namaduna asemancane zihlala emihlanjini, kepha amaduna asekhulile ahlala wodwa. Izinsikazi esezindala ziqapha ingozi.

I-sable

Kodwa iinkunzi ziyabengezela bubumnyama, iimazi zinobumdaka ngombala, amankonyane amdaka bubomvu. Zombini izini zinamaphondo anamagophe azizixhobo ezibulalayo. Iimazi, amankonyane neenkunzi ezincinci zihlala kwimihlambi, iinkunzi ezindala zihlala zodwa. Iimazi ezindala zijonga ingozi.

Kudu

This is a tall, majestic antelope. Only males have the wide, spiralling horns. Females and their young live in small herds; bulls live alone or in small groups. Kudus can jump over high fences.

Koedoe

'n Groot, majestueuse wildsbok. Net die bul het die wye spiraalhorings. Koeie en hul kalwers leef in klein troppe, bulle leef alleen of in klein bultroppe. Koedoes kan oor hoë heinings spring.

Umgankla

Le yinyamazane ende enesithunzi. Amaduna kuphela anezimpondo ezibanzi, ezithandelayo. Izinsikazi namathole azo zihlala emihlanjaneni; amaduna ahlala wodwa noma ahlale abe ngamaqenjana. Imigankla ikwazi ukweqa uthango oluphakeme.

Iqhude

Eli lixhama elide, elinobungangamsha. Kuphela ziinkunzi ezinamaphondo abanzi ajikelezayo. Iimazi namathole azo zihlala kwimihlambi emincinci, iinkunzi zihlala zodwa okanye kumaqela amancinci. Amaqhude angatsiba iingcingo eziphakamileyo.

Waterbuck

This is the only antelope with a white ring on its rump. It lives in small herds near water. It prefers to eat long grass. Bulls are territorial and have a strong body odour. Only bulls have horns.

Waterbok

Dit is die enigste wildsbok met 'n wit kring op sy kruis. Dit leef in klein troppe naby water. Dit verkies om lang gras te eet. Die bul is territoriaal en het 'n sterk liggaamsreuk. Net die bul het horings.

Iphiva

Le ukuphela kwenyamazane enesiyingi esimhlophe esinqeni. Ihlala emihlanjaneni eduze namanzi. Ithanda ukudla utshani obude. Amaduna aziqokela indawo engeyawo wodwa futhi anephunga lomzimba elinamandla. Amaduna kuphela anezimpondo.

Inyamakazi yamanzi

Eli kuphela kwexhama elinesangqa esimhlophe kwiimpundu zalo. Ihlala kwimihlambi emincinci kufutshane namanzi. Ithanda ukutya ingca ende. Iinkunzi zigada umda kwaye zinevumba elivakala ngamandla. Zinkunzi kuphela ezinamaphondo.

Blue wildebeest

The blue wildebeest lives in herds of up to several hundred. In some areas, the herds move around a lot; but in others, they stay in one place. To avoid predators, newborn calves can run when they are only five minutes old, and keep up with adults after just one day.

Blouwildebees

Die blouwildebees leef in troppe van tot etlike honderde. In sommige gebiede beweeg dit baie rond, maar in ander leef dit op een plek. Om roofdiere te vermy, kan pasgebore kalfies hardloop wanneer hulle net vyf minute oud is, en kan na net een dag by die volwassenes byhou.

Inkonkoni eluhlaza okwesibhakabhaka

Ihlala emihlanjini eye ifike kumakhulukhulu. Kwezinye izindawo, imihlambi izula kakhulu; kwezinye ihlale endaweni eyodwa. Ukugwema izilwane ezidla ezinye, amankonyane asanda kuzalwa ayakwazi ukugijima enemizuzu emihlanu kuphela ezelwe,futhi akwazi ukuhambisana nezinkonkoni ezindala ngemuva kosuku olulodwa kuphela.

Inyamakazi eluhlaza yasehlathini

Inyamakazi eluhlaza yasehlathini ihlala kwimihlambi efika kumakhulu aliqela. Kwezinye iindawo, imihlambi ihamba-ahambe kakhulu, kwezinye ihlala kwindawo enye. Ukupheha amarhamncwa, amankonyane asanda kuzalwa angabaleka xa enemizuzu emihlanu kuphela, kwaye hambe nezindala emva kosuku olunye kuphela.

Black wildebeest

The black wildebeest lives in herds on short grasslands where it can get water to drink at least once a day. It makes a 'genu' noise and a high-pitched 'hic'. The bulls fight fiercely for territories.

Swartwildebees

Die swartwildebees leef in troppe op grasvelde met kort gras waar dit minstens een keer per dag water kan drink. Dit maak 'n 'ghenoe'- en 'n hoë 'hiek'- geluid. Bulle veg woes vir hul gebied.

Inkonkoni emnyama

Ihlala emihlanjini ezindaweni ezinotshani obufushane lapho ikwazi khonaukuthola amanzi okuphuza okungenani kanye ngosuku. Yenza umsindo nokukhala okuzwakala kakhulu. Izinkunzi zilwela izindawo ezingazengamela ngolaka.

Inyamakazi emnyama yasehlathini

Inyamakazi emnyama yase-hlathini ihlala kwimihlambi kwimihlaba enengca emfut-shane apho inokufumana amanzi okusela nokuba kukanye ngosuku. Yenza ingxolo e'genu' nephezulu o 'hic'. Iinkunzi zilwela imida ngoburhalarhume.

Red hartebeest

Female red hartebeest and their calves live in herds but mature bulls live alone. A red hartebeest can move long distances to find fresh grass. It can live without drinking water by eating wild melons and juicy roots. Both males and females have horns.

Rooihartbees

Rooihartbeeskoeie en hul kalwers leef in troppe, maar volwasse bulle leef alleen. 'n Rooihartbees kan lang afstande aflê om vars gras te vind. Dit kan sonder drinkwater leef deur tsammas en sappige wortels te eet. Die bul sowel as die koei het horings.

Inkolongwane ebomvu

Izinsikazi namathole azo zihlala emihlanjini kanti izinkunzi zihlala zodwa. Ikwazi ukuhamba amabanga amade ukuyofuna amadlelo amasha. Ikwazi ukuphila ngaphandle kokuphuza amanzi ngokudla amakhabe asendle nezimpande ezinamanzi. Zombili izinduna nezinsikazi zinezimpondo.

I-hartebeest ebomvu

Iimazi kunye namankonyane azo zihlala ngemihlambi kodwa iinkunzi ezigqibeleleyo zihala zodwa. Ingahamba imigama emide ukufumana amadlelo amatsha. Ingaphila ngaphandle kokusela amanzi, ngokutya iivatala zasehlathini neengcambu ezinencindi. Zombini izini zinamaphondo.

Tsessebe

This antelope can run faster than any others in southern Africa. Females and males look very similar. The male often stands on termite mounds to look for danger, and will chase away jackals and hyaenas that threaten the herd.

Tsessebe

Dié wildsbok kan vinniger as enige ander een in Suider-Afrika hardloop. Die bul en die koei lyk byna eenders. Die bul staan dikwels op termiethope om te kyk of daar gevaar is, en jaag jakkalse en hiënas weg wat die trop bedreig.

Itsesebe

Le nyamazane engagijima kunazo zonke ezase-Afrika eseningizimu. Izinsikazi namaduna zicishe zibukeke ngokufana. Amaduna avame ukuma ezidulini zomuhlwa ukuze uqaphe ingozi, futhi aye axoshe izimpungushe nezimpisi ezibeka umhlambi engozini.

I-tsessebe

Eli xhama linganamendu kunawo nawaphina amanye asemazantsi e-Afrika. Iimazi neenkunzi phantse zifane. Inkunzi zima kwiindulana zeentubi zijonge ingozi, kwaye zigxothe oodyakalashe neengcuka ezigrogrisa umhlambi.

Nyala

This antelope likes to stay in thicker bush, where it browses and grazes on a wide range of plants. Male and female nyalas look very different. Only the male has horns, which he rubs in mud to show off his status.

Njala

Dié wildsbok verkies om in digter bos te bly, waar dit aan 'n groot verskeidenheid plante eet. Die ram en die ooi lyk baie verskillend. Net die ram het horings, wat hy in modder vryf om sy status te wys.

Inyala

Le nyamazane ithanda ukuhlala ezihlahleni ezithe ukuminyana, lapho inqampuna idle khona izinhlobo eziningi zezithombo ezahlukene. Amaduna nezinsikazi zehluke kakhulu. Amaduna kuphela anezimpondo, azihlikihla odakeni ukuze abukise ngesikhundla sawo.

Inyala

Eli xhama lithanda ukuhlala kumatyholo axineneyo, apho litya amagqabi neentlobo-ntlobo zezityalo. Iinkunzi neemazi Zenyala zahluke kakhulu. Ziinkunzi kuphela ezinamaphondo, ezizikhuhla eludakeni ukudlisela ngewonga lalo.

Red lechwe

The lechwe always stays near water and, if a predator threatens, it runs into the shallow water. Only the male has horns. Large herds of lechwe gather where there is good grazing.

Letsjwe

Die letsjwe bly altyd naby water en as 'n roofdier aanval, hardloop dit in vlak water in. Net die ram het horings. Groot troppe vorm waar daar goeie weiding is.

I-lechwe elibomvu

I-lechwe lihlala eduze namanzi kanti lapho kuhlasela isilwane esidla ezinye libalekela emanzini angajulile. Iduna kuphela elinezimpondo. Imihlambi emikhulu iqoqana lapho kunamadlelo khona amahle.

I-lechwe ebomvu

I-lechwe ihlala kufutshane namanzi kwaye, ukuba irhamncwa liyarhorhisa libalekela kumanzi anzulu. Ziinkunzi kuphela ezinamaphondo. Imihlambi emikhulu iyenziwa apho kukho amadlelo amahle.

Blesbok and bontebok

These closely related antelope look very similar; blesbok (main picture) live in central and western South Africa, bontebok (inset) live in the Western Cape. Both kinds of antelope live in herds. In cold weather they shelter among bushes. Males fight for territories that they mark with piles of dung.

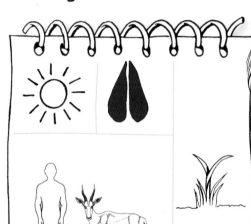

Blesbok en bontebok

Dié nou verwante wildsbokke lyk baie eenders; die blesbok (hoofprent) leef in sentrale en westelike Suid-Afrika, die bontebok (insetsel) leef in die Wes-Kaap. Albei dié boksoorte leef in troppe. In koue weer skuil hulle tussen bosse. Die ramme veg vir 'n gebied wat hulle met hope mis afmerk.

Indluzele empemvu nendluzele enezibhaxu ezimhlophe

Lezi zinyamazane ezihlobene kakhulu ziyafana impela; izindluzele ezimpemvu (isithombe esikhulu) zihlala eNingizimu Afrika emaphakathi nesentshonalanga, ezinezibhaxu (isithombe esifakwe ngezansi) zihlala eNtshonalanga Kapa. Zihlala emihlanjini. Esimweni sezulu esimakhaza zikhosela ngaphakathi kwezihlahlana. Amaduna alwela izindawo azibekisa ngezinqwaba zobulongwe.

I-blesbok ne-bontebok yon a ihlala

La maxhama azalana ngokusondeleleneyo afana kakhulu; iblesbok ihlala embindini nasentshona yoMzantsi Afrika, i-bontebok yona ihlala kuphela eNtshona Koloni. Zombini ezintlobo zamaxhama zihlala kwimihlambi. Kwimozulu ebandayo zifumana indawo yokuhlala phakathi kwamatyholo. Iinkunzi zilwela imida eziyiphawula ngemfumba yobulongwe.

Impala

Impala are common in bushveld, wherever there is water to drink. If an impala is frightened or excited, it makes huge leaps. Impala females give birth to their young in spring. These antelope are important prey for large predators. Only the male has horns.

♂

Rooibok

Rooibokke is algemeen in die bosveld waar hulle water het om te drink. As 'n rooibok bang of opgewonde is, gee dit groot spronge. Rooibokkooie lam in die lente. Dié wildsbok is 'n belangrike prooi vir groot roofdiere. Net die ram het horings.

Impala

Izimpala zivamise ehlanzeni, lapho zithola khona amanzi okuphuza. Izinsikazi zizala entwasahlobo. Izimpala zingukudla okubalulekile kwezilwane ezinkulu ezidla ezinye. Amaduna kuphela anezimpondo.

Impala

Ii-impala zixhaphakile ematyholweni, naphina apho kukho amanzi okusela. Ukuba i-impala iyoyika okanye inemincili, itsiba kakhulu. Iimanzi ze-impala zizala amatakane azo entlakohlaza. La maxhama ngamaxhoba abalulekileyo kumarhamncwa amakhulu. Kuphela yinkunzi enamaphondo.

Springbok

The springbok lives in big herds in the Karoo and the Kalahari. It can survive without drinking water by eating wild melons and juicy roots. When it is frightened or excited it 'pronks' by doing big bouncy jumps. Both the males and females have horns.

Springbok

Die springbok leef in groot troppe in die Karoo en die Kalahari. Dit kan oorleef sonder om water te drink deur tsammas en sappige wortels te eet. Wanneer dit bang of opgewonde is, pronk dit deur hupspronge uit te voer. Die ram sowel as die ooi het horings.

Insephe

Ihlala emihlanjini emikhulu eKaroo naseKalahari. Ikwazi ukuphila ngaphandle kokuphuza amanzi ngokuthi idle amakhabe asendle nezimpande ezinamanzi. Uma yethukile noma ijabule iyadlalisela ngokuthi igxume ngokuqhasha. Zozimbili amaduna nezinsikazi zinezimpondo.

Ibhadi

Lihlala kwimihlambi emikhulu e-Karoo naseKalahari. Lingaphila ngaphandle kokusela amanzi ngokutya iivatala zasehlathini neengcambu ezinencindi. Xa lisoyika okanye linemincili liya 'pronka' ngokwenza imitsi emikhulu yokujakatyula. Zombini izini zinamaphondo.

Bushbuck

Most of the time the bushbuck stays in thick bush, and only comes into more open areas to feed. It usually lives alone, but sometimes a ewe and her lamb stay together. It gives a sharp bark as an alarm signal. Only the males have horns.

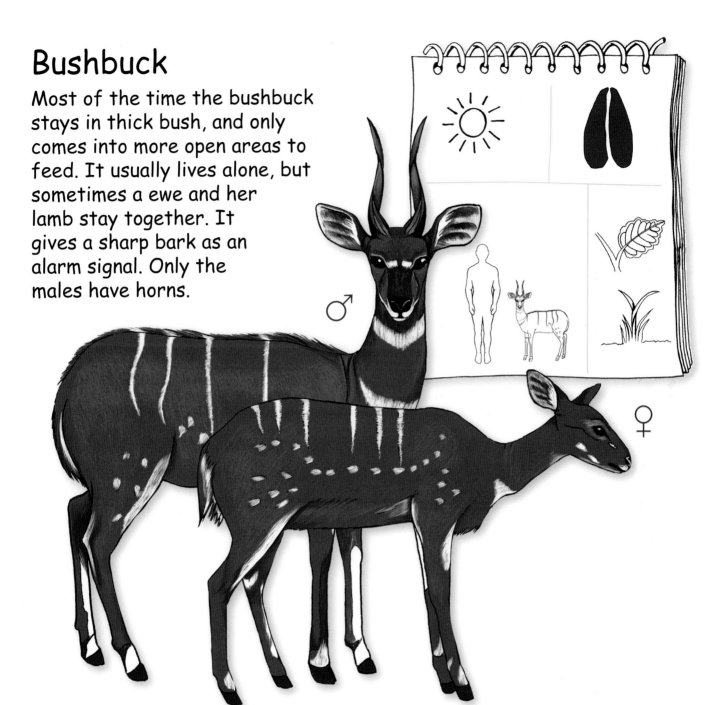

♂

♀

Bosbok

Die bosbok bly die meeste van die tyd in digte bos en kom net in oper plekke uit om kos te soek. Dit leef gewoonlik alleen, maar soms bly 'n ooi en haar lam saam. Dit maak 'n harde blafgeluid as alarmsein. Net die ram het horings.

Umdaka

Isikhathi esiningi uhlala ehlathini eliminyene, bese uza ezindaweni ezivulekile ukuze uzodla. Uvame ukuhlala wodwa, kepha ngesinye isikhathi uhlala nembabala. Unokukhonkotha okuhlabayo njengophawu lokuhlaba umkhosi. Amaduna kuphela anezimpondo.

Imbabala

Amaxesha amaninzi imbabala iqhele ukuhlala kumahlathi ashinyeneyo, kwaye ize kwiindawo ezivuleleke ukuzokutya. Ihlala yodwa, kodwa ngamanye amaxesha imazi netakane layo bajlala kunye. Ikhonkotha bukhali njengophawu lesilumkiso. Ziinkunzi kuphela ezinamaphondo.

Common duiker

The common duiker lives alone. Because it is small and stays hidden among bushes during the day, it can survive on farms and close to towns. It eats a wide range of plants, including fruit and mushrooms. Usually only the males have horns.

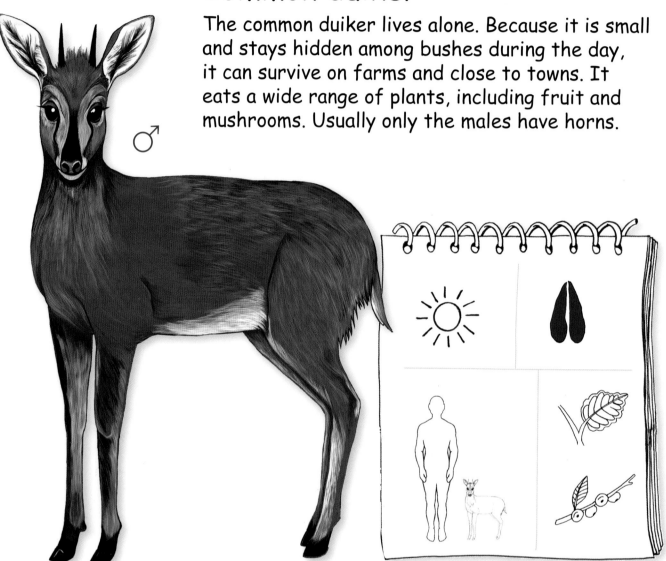

Duiker

Die duiker leef alleen. Omdat dit so klein is en bedags tussen bosse skuil, kan dit op plase naby dorpe oorleef. Dit eet 'n groot verskeidenheid plante, onder meer vrugte en sampioene. Net die ram het horings.

Impunzi

Impunzi izihlalela yodwa. Ngenxa yokuthi yincane nokuthi ihlala ifihleke ezihlahlaneni emini, ikwazi ukuphila emapulazini naseduze kwamadolobha. Idla izinhlobo eziningi zezithombo, ezihlanganisa nezithelo namakhowe. Kuvamise ukuba amaduna kuphela anezimpondo.

Impunzi eqhelekileyo

Impunzi eqhelekileyo ihlala yodwa. Kuba incinci kwaye ihlala phakathi kwamatyholo emini ingakwazi ukuphila kwiifama nakufutshane ezidolophini. Itya iintlobo-ntlobo zezityalo, kuquka iziqhamo namakhowa. Idla ngokuba zinkunzi kuphela ezinamaphondo.

Steenbok

This small antelope lives in pairs or on its own. It can survive without drinking, provided it has fresh food. It carefully picks the best parts of plants to eat. Only the males have horns.

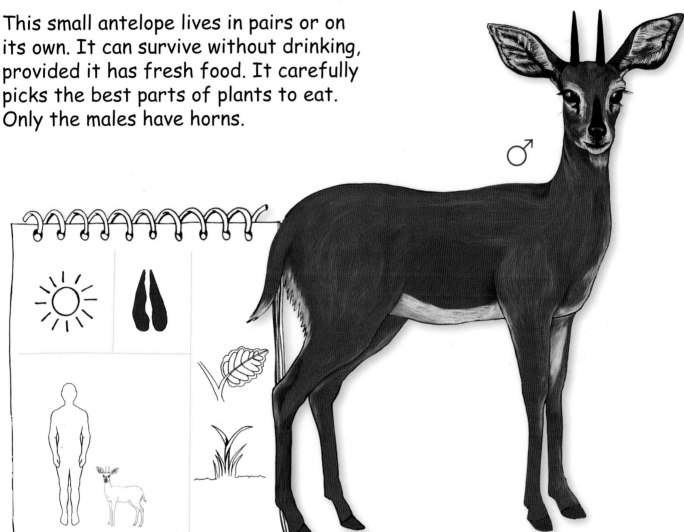

♂

Steenbok

Dié wildsbokkie leef in pare of alleen. Dit kan sonder water oorleef, maar moet dan vars kos hê. Dit pluk die beste dele van plante versigtig om te eet. Net die ram het horings.

Iqhina

Lezi zinyamazanyana ihlala zibe ngazimbili noma yodwa. Ingaphila ngaphandle kokuphuza uma nje inokudla okusha. Ikhetha ngokucophelela izingxenye ezinhle zezithombo ezozidla. Amaduna kuphela anezimpondo.

Ixhama

Eli xhama lincinci lihlala ngambini okanye liyazihlalela, kumhlaba onengca. Lingaphila ngaphandle kokusela, ngaphandle kokuba linokutya okutsha. Ngononophelo likhetha ezona ndawo zingcono zezityalo ukutya. Ziinkunzi kuphela ezinamaphondo.

Klipspringer

Klipspringers live in pairs and stay in the same territory all their life. This small antelope can balance on boulders on the tips of its hooves, and jump from rock to rock. If it sees a predator, it whistles loudly.

Klipspringer

Klipspringers leef in pare en bly hul hele lewe lank in dieselfde gebied. Dié wildsbokkie kan op die punte van sy hoewe op rotse staan, en spring van rots tot rots. As dit 'n roofdier sien, fluit dit hard.

Igogo

Igogo lihlala nelinye abe ngamabili futhi lihlala endaweni eyodwa impilo yalo yonke. Likwazi ukuzimelela ezimbokodweni lime ngezithupha zezinselo zalo, futhi ligxume lisuke kwelinye idwala liye kwelinye. 'Uma libona isilwane esidla ezinye, lishaya ikhwelo kakhulu.

Ixhama elincinane laseMzantsi Afrika

Amaxhala amancinci ase-Mzantsi Afrika aphila ngamaqela kwaye ahlala kwindawo enye ubomi bawo bonke. Eli xhama lingaxhathisa ematyeni amakhulu ngeencam zempuphu zalo, kwaye litsibe ukusuka kwilitye ukuya kwelinye. Ukuba libona irhamncwa, likhwina kakhulu.

Baboon

Baboons live in very social groups, called troops. They feed on the ground and in trees during the day and sleep in big trees or on cliffs. The babies are black with pink faces; their mothers carry them on their backs or under their bellies.

Bobbejaan

Bobbejane leef in baie sosiale troppe. Hulle soek bedags op die grond en in bome kos en slaap in groot bome of op kranse. Die babas is swart met 'n pienk gesig; hul ma's dra hulle op die rug of onder die pens.

Imfene

Izimfene zihlala emaqenjini aphilisana ngokuzwana abizwa ngokuthi ngamaviyo. Zidla okusemhlabathini nokusezihlahleni emini bese zilala ezihlahleni ezinkulu noma emaweni. Izingane zimnyama zibe nobuso obukhanyayo; onina bazibeletha emhlane noma ngaphansi kwezisu zabo.

Imfene

Iimfene ziphila kakhulu phakathi kwamaqela, abizwa imikhosi. Zitya phantsi nasemithini emini kwaye zilala emithini emihulu okanye emaweni. Abantwana bamnyama nobuso obupinki; oomama bazo bazibeleka emqolo okanye ngaphantsi kwezisu zabo.

Vervet monkey

This monkey is active during the day and at night it sleeps in big trees. It lives in troops with lots of social interaction. It gives alarm calls to warn other monkeys of danger. The babies are dark grey with pink faces.

Blouaap

Die blouaap is bedags aktief en slaap snags in groot bome. Dit leef in troppe met baie sosiale wisselwerking. Dit gee alarmroepe om ander ape teen gevaar te waarsku. Die babas is donkergrys met 'n pienk gesig.

Inkawu

Imatasatasa emini bese ilala ebusuku ezihlahleni ezinkulu. Ihlala emaviyweni ahlalisene ngokusondelana. Ihlaba umkhosi ukuze yexwayise ezinye izinkawu ngengozi. Izingane zimpunga okufiphele zibe nobuso obukhanyayo.

Inkawana engwevu yase Afrika

Le nkawu iyasebenza ngexesha lasemini kwaye ebusuku ilala kwimithi emikhulu. Ihlala kwimihlambi esebenzisana kunye amaxesha amaninzi. Inika intlaba-mkhosi ukulumkisa ezinye inkawu kwiingozi. Amantshontsho antsundu anobuso obupinki.

Lesser bushbaby

This bushbaby only comes out at night; during the day it sleeps in tree holes. It is a very good climber and leaper and spends nearly all its time in trees. It is called a bushbaby because its call sounds like a human baby crying.

Nagapie

Die nagapie kom net snags uit en slaap bedags in gate in bome. Dit kan baie goed klim en spring en bring die meeste van die tyd in bome deur. In Engels word hul 'n 'bushbaby' genoem, want hul roepe klink soos 'n baba wat huil.

Isinkwe

Siphuma kuphela ebusuku; emini silale emigodini esemithini. Singumgibeli nomgxumi onekhono kakhulu futhi sichitha cishe sonke isikhathi saso sisezihlahleni. Siye sibizwe ngengane yasendle ngoba ukubizana kwazo kuzwakala njengengane ekhalayo.

Intshontsho letyholo elinganeno

Iphuma qha ebusuku,ngexesha lasemini ilala kwimingxunya yemithi. Amantshontsho etyholo zincutshe zokukhwela nokuxhuma kwaye zichitha malunga lonke ixesha lazo emithini. Zibizwa ngokuba ngamantshontsho etyholo kuba izikhalo zazo zivakala njengomntwana womntu ekhala.

Lion

Lions are the biggest predators in Africa; a male lion can weigh over 200 kg. Lions live in groups called prides and hunt together, mainly at night. Only lions can catch prey as big as a buffalo or an adult giraffe.

♀

♂

Leeu

Die leeu is die grootste roofdier in Afrika; die mannetjie kan meer as 200 kg weeg. Leeus leef in troppe en jag saam, meestal snags. Net leeus kan prooi so groot soos 'n buffel of volwasse kameelperd vang.

Ibhubesi

Amabhubesi ayizilwane ezidla ezinye ezinkulu kunazo zonke kwelase-Afrika; iduna lingaba nesisindo esingaphezu kuka-200 kg. Amabhubesi ahlala ngamaqembu aziwa ngokuthi ngamaviyo. Azingela ndawonye ikakhulukazi ebusuku, futhi abamba izilwane azidlayo ezinkulu kunezinye ezifana nenyathi noma indlulamithi endala.

Ingonyama

Iilgonyama irhamncwa amakhulu e-Afrika; iinkunzi zingaveyisha ngaphaya kwama-200 kg. Iingonyama zihlala ngamaqela abizwa ngokuba ngamaqhayiya kwaye zizingela kunye, ngakumbi ebusuku. Ziingonyama qha zibamba ezingabamba ixhoba elikhulu kangangenyathi okanye indlulamthi endala.

Leopard

This large, strongly built cat is most active at night, but sometimes also during the day. It stalks its prey and often carries the kill up trees away from lions and hyaenas. Females live with their cubs, and males live alone. Its call sounds like wood being sawn.

Luiperd

Dié groot, sterk geboude kat is meestal snags, maar soms bedags, aktief. Dit bekruip die prooi en sleep dit dikwels in 'n boom op, weg van leeus en hiënas af. Wyfies bly by hul welpies, en mannetjies leef alleen. Die roep klink soos hout wat gesaag word.

Ingwe

Leli kati elikhulu, elakhiwe laba namandla. Likhuthele kakhulu ebusuku kepha, nasemini ngesinye isikhathi. Licathamela elikudlayo futhi livamise ukuthwala elikubulele likukhweze ezihlahleni kude namabhubesi nezimpisi. Izinsikazi zihlala nemidlwane yazo, bese amaduna azihlalele wodwa. Ukukhala kwayo kuzwakala njengokhuni olusahwayo.

Ihlosi

Ikati enkulu, enamandla ukwakhiwa ikhuthele kakhulu ebusuku, kodwa ngamanye amaxesha nasemini. Iyalichwechwela ixhoba layo kaninzi ithwala isilwanyana esibulewe ekuzingeleni phezulu emthini kude kwiingonyama neengcuka. Iimazi zihlala namantshontsho azo, kwaye iinkunzi zihlala zodwa. Isikhalo sayo sivakala ngathi ngumthi osarhwayo.

Cheetah

This cat is the fastest runner in the animal world, with a top speed of 110 km/h. It hunts in the morning and evening, when it is cool. Some males live in small groups. Cubs stay with their mothers for 18 months while they learn to hunt.

Jagluiperd

Dié kat is die vinnigste hardloper van al die diere, met 'n topsnelheid van 110 km/h. Dit jag soggens en saans wanneer dit koel is. Sommige mannetjies leef in klein groepies. Welpies bly 18 maande lank by die ma terwyl hulle leer jag.

Ingulule

Leli kati lingumsubathi onesivinini kunazo zonke izilwane ezikhona emhlabeni, onejubane eliphezulu lika-110 km ngehora. Lizingela ekuseni nakusihlwa, lapho sekupholile. Amanye amaduna ahlala abe ngamaqenjana. Imidlwane ihlala nonina izinyanga eziyi-18 ngesikhathi isafunda ukuzingela.

Ingwenkala

Le kati yenona mbaleki enamendu kwizilwanyana, ngesatya esiphezulu se-110 ekm/h. Izingela kusasa nangokuhlwa, xa kupholile. Ezinye iinkunzi zihlala ngamaqela amancinci. Amantshontsho ahlala noonina iinyanga ezili-18 ngelixesha afunda ukuzingela.

Spotted hyaena

This social predator lives in groups, called clans, and hunts in teams for big prey like zebra and wildebeest. It also scavenges, and steals kills from lions. Hyaenas whoop to call their companions, and squeal and giggle when they are together.

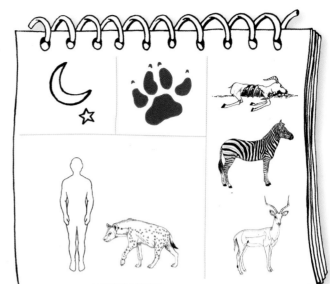

Gevlekte hiëna

Dié sosiale roofdier leef in groepe en jag groot prooi soos sebras en wildebeeste in troppe. Dit eet ook aas en steel leeus se prooi. Hiënas roep hul maats met 'n whoepgeluid, en skree en giggel wanneer hulle saam eet.

Impisi enamachashaza

Lesi silwane esidla ezinye sihlala emaqenjini futhi sizingela ngamaviyo ukuze sithole izilwane esizidlayo ezinjengamadube nezinkonkoni. Ibuye idle osekufile futhi yeba ukudla okubulewe ngamabhubesi. Izimpisi zibizana ngomsindo, futhi ziyanswininiza zigigitheke uma zindawonye.

Ingcuka enamachokoza

Eli rhamncwa elihlala nezinye izilwanyana liphila namaqela abizwa ngokuba zii-clan kwaye zizingela ngamaqela amaxhoba amakhulu afana namaqwarha nezinqu. Ikwaphila ngenyama ebolileyo, kwaye ibe isilwanyana esibulewe ekuzingeleni kwiingonyama. Iingcuka ziyadanduluka ukubiza amaqabane azo, kwaye zitswine zigigitheke xa zikunye.

Wild dog

This very sociable dog lives in a pack; all members of the pack share food, hunt together and care for the pups. They use special calls to communicate with each other. Wild dogs are highly endangered, and need large protected areas to ensure their survival.

Wildehond

Dié baie sosiale hond leef in 'n trop; al die lede van 'n trop deel kos, jag saam en sorg vir die welpies. Hulle gebruik spesiale roepe om met mekaar te kommunikeer. Die wildehond is 'n bedreigde roofdier en het baie groot beskermde gebiede nodig om te oorleef.

Inja yasendle

Isilwane esidla ezinye esiphilisana kakhulu nozakwabo esihlala nabo ngamaqoqo. Le nja iphilisana kakhulu nezinye futhi ihlala emihlanjini; wonke amalungu omhlambi abelana ngokudla, azingele ndawonye futhi anakekele nemidlwane. Zibizana ngemisindo ethize ukuze zixhumane. Izinja zasendle zisengozini enkulu yokushabalala, futhi zidinga izindawo ezinkulu ezivikelekile ukuze ziphile.

Inja yasendle

Le nja inobuhlobo iphila ngamaqela; onke amalungu eqela abelana ngokutya, azingela kunye kwaye akhathalela iinjana. Zisebenzisa ukukhwaza okuthile ukuncokola enye nenye. Izinja zasendle zisengozini enkulu, kwaye zifuna iindawo ezikhuselekileyo ezinkulu ukuqinisekisa ukuphila kwazo.

Black-backed jackal

Although these jackals live in pairs, they often move around on their own. Some year-old cubs stay with their parents to help care for their younger brothers and sisters. Jackals hunt small animals and scavenge from big predators' kills.

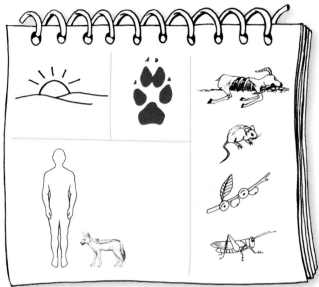

Rooijakkals

Rooijakkalse leef in pare, maar beweeg dikwels alleen rond. Sommige jaar oues bly by hul ouers om vir hul jonger boeties en sussies te help sorg. Jakkalse jag klein diertjies en eet ook aas van groot roofdiere se prooi.

Impungushe emhlane omnyama

Yize lezi zimpungushe zihlala ngazimbili, kepha imvamisa zizihambela zodwa. Imidlwane enonyaka owodwa ihlala nabazali bayo ukusiza ukunakekela abafowabo nodade bazo abancane. Izimpungushe zizingela izilwane ezincane futhi zidla okusele kokubulewe ngezinye izilwane.

Udyakalashe onomqolo omnyama

Nangona aba dyakalashe bephila ngababini, bahamba-hamba rhoqo bodwa. Amanye amantshontsho anonyaka ubudala ahlala nabazali ukunceda ekujongeni abantankwe noodade abancinci. Oodyakalashe bazingela izilwanyana ezincinci kwaye baphila kwizinto ezibulewe ngamarhamnco amakhulu.

Bat-eared fox

These small foxes live in pairs with their offspring. To avoid extreme temperatures, they feed at night in summer, and during the day in winter. They dig up insects after finding them by listening with their huge ears.

Bakoorjakkals

Dié klein jakkalsies leef in pare met hul kleintjies. Om uiterste temperature te vermy, soek hulle in die somer snags en in die winter bedags kos. Hulle luister met die groot ore om insekte op te spoor en uit te grawe.

Impungushe enamadlebe elulwane

Lezi zimpungushe ezincane zihlala ngazimbili nezingane zazo. Ukuze zigweme ukushisa okwedlulele, ehlobo zidla ebusuku, bese zidla emini ebusika. Zemba izinambuzane ngemuva kokuzithola ngokulalela ngamadlebe azo amakhulu.

Impungutye enendlebe zelulwane

Ezi mpungutye zihlala ngambini nenzala yazo. Ukuphepha amaqondo agqithisileyo, sitya ebusuku ehlotyeni, nasemini ebusika. Somba izinambuzane emva kokuba sizifumene ngokumamela ngeendlebe zaso ezinkulu.

Cape fox

This fox usually comes out at night to hunt for small mammals. During the day, it sleeps in a hole in the ground. When the female has cubs she stays in her den and her mate brings her food.

Silwervos

Die silwervos kom gewoonlik snags uit om soogdiertjies te jag. Bedags slaap dit in 'n gat in die grond. Wanneer die wyfie kleintjies het, bly sy in die lêplek en dan bring haar maat vir haar kos.

Impungushe yaseKapa

Ivamise ukuphuma ebusuku ukuze iyozingela izilwanyana ezincelisayo. Emini ilala emgodini osemhlabathini. Uma insikazi inemidlwane ihlala emgedeni wayo bese umlingani wayo eyilethela ukudla.

Impungutye yaseKoloni

Le mpungutye idla ngokuphuma ebusuku izingele izilo ezanyisayo ezincinci. Emini, ilala emngxunyeni emhlabeni. Xa imazi inamathole ihlala kumngxuma wayo kwaye umlingane wayo azise ukutya.

Honey badger

Also known as a ratel, this is a fierce, aggressive and very strong animal. It digs up mice, scorpions and big spiders to eat and occasionally raids beehives for honey and grubs. The mother honey badger looks after her young until they are fully grown.

Ratel

'n Kwaai, aggressiewe en baie sterk dier. Dit grawe muise, skerpioene en groot spinnekoppe uit om te eet en plunder af en toe byeneste vir heuning en larwes. Die ma versorg haar kleintjies totdat hulle volgroeid is.

Insele

Isilwane esinolaka, esinenkani nesinamandla kakhulu. Sigubha amagundane, ofezela nezilwembu ezinkulu ukuze sidle futhi ngesinye isikhathi sihlasela izidleke zezinyosi ukuze sithole uju nezibungu. Insikazi inakekela izingane zayo zize zikhule ngokuphelele.

I-ratel

Ekwaziwa njengerate esi isilwanyane esinamandla kakhulu, esinoburhalarhume nesihlaselayo. Semba iimpuku, oonomadudwane nezigcawu ezikhulu izitye ngamaxesha athile ihlasela indlu yeenyosi ukufumana ubusi nemibungu. Oomama bajonga abantwana babo de babe bakhule ngokupheleleyo.

Cape clawless otter

This otter is a very good swimmer and can live in both fresh water and the sea. It feels for underwater prey with its sensitive forepaws on which it has no nails or claws. This is why it is called a clawless otter.

Groototter

Dié otter is 'n baie goeie swemmer en kan in varswater sowel as die see leef. Dit soek prooi onder die water deur met sy sensitiewe voorpote rond te voel. Dit het nie naels of kloue aan die voorpote nie.

Umthini waseKapa ongenazindlawu

Lo mthini ungumbhukudi onekhono kakhulu, futhi ukwazi ukuphila ndawo zombili emanzini angenasawoti kanye nasolwandle. Ucinga okudliwayo okungaphansi kwamanzi ngokusebenzisa izidladla zawo zangaphambili ezizwelayo ezingenamazipho noma izindlawu. Yingakho ubizwa ngomthini ongenazindlawu.

Intini engenamazipho esilwanyana yaseKoloni

Le ntini yincutshe ekudadeni, kwaye ingaphila emanzini amatsha naselwandle. Iliva ixhoba langaphantsi kwamanzi ngamathupha angaphambili abukhali ayo kuwo ekungekho zinzipho okanye iinzipho zesilwanyane. Yiyo loo nto ibizwa ngokuba yintini engenazinzipho.

Small spotted genet

Genets are common but are not often seen because they are active only at night. The genet forages on the ground and in trees for small prey. It sleeps in holes in trees or rocks and sometimes in the roofs of houses.

Kleinkol-muskeljaatkat

Die muskeljaatkat is algemeen, maar word nie dikwels gesien nie, want dit is snags aktief. Dit jag klein prooi op die grond en in bome. Dit slaap in gate in bome of rotse en soms in huise se dakke.

Insimba enamachashaza

Izinsimba zejwayelekile kepha azivamisile ukubonwa ngoba zimatasatasa ebusuku. Insimba icinga izilwanyana ezincane emhlabathini nasezihlahleni. Ilala emigodini esezihlahleni noma emadwaleni nasophahleni lwezindlu ngesinye isikhathi.

I-genet encinci enamachokoza

Ii-genet ziqhelekile kodwa azisoloko zibonwa kuba zisebenza ebusuku. Ifula ukutya phantsi nasemithini amaxhoba amancinci. Ilala emingxunyeni esemithini okanye ematyeni ngamanye amaxesha kumaphahla ezindlu.

Banded mongoose

These very sociable mongooses live in large groups. They search for food on the ground during the day, and sleep in hollow trees or holes in termite mounds at night. If one is caught by a predator, the others will try to rescue it.

Gebande muishond

Dié baie sosiale muishond leef in groot groepe. Hulle soek bedags kos op die grond, en slaap snags in hol bome of gate in termiethope. As een deur 'n roofdier gevang word, sal die ander hom probeer red.

Umbonjane onemidwa

Le mibonjane ephilisana neminye ihlala emaqenjini amakhulu. Icinga ukudla emhlabathini emini, ebusuku ilale ezihlahleni ezinezigoxi noma emigodini esezidulini zomuhlwa. Uma omunye ubanjwe yisilwane esidla ezinye, eminye iyazama ukuwusindisa.

Umhlangala onemigca

Lo mhlangala uthanda ukuhlala kakhulu nezinye izilwanyana. Ukhangela ukutya emhlabeni emini, kwaye ulale kwimithi enemingxuma ngaphakathi okanye kwimingxuma kwiindulana zentubi ebusuku. Ukuba omnye ubanjwe lirhamncwa, eminye iyakuzama ukuwuhlangula.

Slender mongoose

This fierce little predator usually lives on its own. It hunts small animals during the day. At night it sleeps in termite mounds. These are the only small mongooses with black tail tips.

Swartkwas- muishond

Dié baie kwaai klein roofdier leef gewoonlik alleen. Dit jag bedags klein diertjies. Snags slaap dit in termiethope. Dis die enigste klein muishond met 'n swart stertpunt.

Uchakide

Lesi silwanyana esidla ezinye esinolaka impela sivame ukuzihlalela sodwa. Sizingela izilwanyana emini. Ebusuku silala ezidulini zomuhlwa. Laba ikuphela kochakijana abanemisila emnyama ekugcineni.

Umhlangala omncinane

Irhamncwa elincinci elinoburhalarhume kakhulu elidla ngokuziphilela. Uzingela izilwanyana ezincinci emini. Ebusuku ulala kwiindulana zentubi. Le kuphela kwe-mihlangala emincinci eneencam ezimnyama emisileni.

Suricate

Also known as a meerkat, this mongoose forages during the day, and sleeps in holes in termite mounds at night. It lives in social groups, with guards that keep watch and give an alarm call if they spot a predator. 'Babysitters' look after the young while their mothers search for food.

Graatjiemeerkat

Dié meerkat soek bedags kos en slaap snags in gate in termiethope. Hulle leef in sosiale groepe, met wagte wat wag hou en alarm maak as hulle 'n roofdier sien. Babawagters pas die kleintjies op terwyl hul ma kos soek.

Ububhibhi

Ububhibhi lobu bucinga ukudla emini, bulale emigodini esezidulini zomuhlwa ebusuku. Buhlala emaqenjini aphilisana ndawonye, nabaqaphi abahlaba umkhosi uma bebona isilwane esidla ezinye. 'Imizanyana' inakekela izingane ngesikhathi onina bedla.

I-suricate

Ikwaziwa njengemeerkat, lo mhlangala ufula ukutya emini, kwaye ilale emingxunyeni kwiindulana zentubi. Ziphila ngamaqela nezinye izilwanyana, nonogada abajongayo nabanika isilumkiso xa bebona irhamncwa. Abajongi babantwana bajonga abancimci ngelixesha oomama bazo bekhangela ukutya.

Porcupine

The porcupine is active at night, and sleeps during the day in a large burrow. It eats all sorts of plants, and sometimes raids crops or gardens. If attacked, it bristles up its pointed quills and tries to stick them into the attacker.

Ystervark

Die ystervark is snags aktief en slaap bedags in 'n groot gat. Dit eet alle soorte plante en plunder soms landerye of tuine. As dit aangeval word, lig dit die penne en probeer die aanvaller daarmee steek.

Ingungumbane

Imatasatasa ebusuku, bese ilala emini emgodini omkhulu. Idla zonke izinhlobo zezimila, futhi ngesinye isikhathi ihlasela izitshalo noma izingadi. Lapho ihlaselwa, ivusa izinungu zayo ezicijile bese izama ukuhlaba umhlaseli.

Incanda

Isebenza ebusuku, kwaye ilale emini kwimingxuma emikhulu. Itya zonke iintlobo zezityalo, ngamanye amaxesha ihlasele isivuno neegadi. Ukuba iyahlaselwa, ikhupha iintsiba zayo ezimileyo izame ukuzifaka kumhlaseli.

Striped mouse

This mouse is active in the daytime. It searches under bushes and in thick grass for seeds and insects to eat. It pollinates proteas by carrying pollen between the flowers as it feeds.

Streepmuis

Dié muis is bedags aktief. Dit soek onder bosse en dik gras vir saad en insekte om te eet. Dit bestuif proteas deur stuifmeel tussen plante te dra terwyl dit kos soek.

Igundane elinemidwa

Leli gundane limatasatasa emini. Licinga ngaphansi kwezihlahlana notshani obuminyene ukuze lithole izimbewu kanye nezinambuzane elizozidla. Lithuthela impova ezimbalini zeziqalaba zentaba ngokuyithwala uma lidla.

Impuku enemigca

Le mpuku isebenza ngexesha lasemini. Izingela phantsi kwamatyholo nengca eshinyeneyo iimbewu nezinambuzana ukuze itye. Imvumvuzela isiqwane ngokuthwala umungu phakathi kweentyantyambo njengokuba isitya.

Ground squirrel

Male and female ground squirrels live in separate groups that are active during the day and sleep in warrens at night. In hot weather, the ground squirrel uses its bushy tail as a sunshade. Unlike other squirrels, it is not a good climber.

Grondeekhoring

Die mannetjies en wyfies leef in afsonderlike groepe wat bedags aktief is en snags in hul lêplekke slaap. In warm weer, gebruik dit die waaierstert as 'n sonskerm. Anders as ander eekhorings, is dit nie 'n goeie klimmer nie.

Ingwejeje yaphansi

Amaduna nezinsikazi zihlala emaqenjini ehlukene amatasatasa emini bese zilala emigodini yazo ebusuku. Esimweni sezulu esishisayo zisebenzisa umsila wazo oyishoba njengomthunzi welanga. Ayiyena umgibeli onekhono njengezinye izingwejeje.

Unomatse wasemhlabeni

Iinkunzi neemazi zihlala kumaqela ahlukeneyo asebenzayo emini nalala kwiindawo ezixineneyo ebusuku. Kwimozulu eshushu usebenzisa umsila wayo ongathi lityholo njengesikhuseli selanga. Ngokungafaniyo nabanye oonomatse, akakwazi kakuhle ukukhwela.

Tree squirrel

These squirrels live in groups that sleep together in a hole in a big tree. Tree squirrels share grooming by nibbling each other's fur. If a tree squirrel sees a predator it chatters loudly and flicks its tail as an alarm signal.

Boomeekhoring

Dié eekhorings leef in groepe wat saam in 'n gat in 'n groot boom slaap. Boomeekhorings versorg mekaar deur aan mekaar se pels te knabbel. As dit 'n roofdier sien, snater dit hard en wip dit die stert as 'n alarmsein.

Ingwejeje yasesihlahleni

Zihlala emaqenjini alala ndawonye emgodini osesihlahleni esikhulu. Izingwejeje ziyacwalana ngokulumana uboya. Uma ibona isilwane esidla ezinye ichwazela phezulu bese inyakazisa umsila wayo njengophawu lokuhlaba umkhosi.

Unomatse wasemthini

Aba nomatse bahlala kumaqela alala kunye emngxunyeni emthini omkhulu. Oonomatse bayalungiselelana ngokuluma thambileyo uboya bomnye. Ukuba unomatse womthi ubona irhamncwa igxola kakhulu kwaye abethe ngokukhawuleza umsila wakhe njengophawu lesilumkiso.

Hare

The hare is a solitary animal. It feeds at night and sleeps during the day under bushes or clumps of grass. To get away from predators it runs and dodges at high speed. Its long ears help it to hear very well.

Haas

Die haas is 'n alleenloper. Dit soek snags kos en slaap bedags onder bosse of graspolle. Om van roofdiere weg te kom, hardloop en swenk dit. Met die lang ore kan dit baie goed hoor.

Unogwaja

Unogwaja uziphilela yedwa. Udla ebusuku bese elala emini ngaphansi kwezihlahlana noma izihleke zotshani. Ukuze ubalekele izilwane ezidla ezinye ugijima ugwingcize ngesivinini esikhulu. Amadlebe akhe amade amnikeza ikhono lokuzwa kahle.

Umvundla

Umvundla lilolo lesilwanyane. Utya ebusuku kwaye ulale emini phantsi kwamatyholo nakwingca exineneyo. Ukuphuncuka kumarhamncwa uyabaleka kwaye uzimele ngrsantya esikhulu. Iindlebe zawo ezinde zenza ukuba uve ngokuchanekileyo.

Rock hyrax

The rock hyrax comes out during the day, and sleeps at night in holes among rocks. It likes to sunbathe. It is a very good climber and stays close to rocky areas where it can hide from predators. It is also called a dassie.

Klipdassie

Die klipdassie kom bedags uit en slaap snags in gate tussen rotse. Dit bak graag in die son. Dit is 'n baie goeie klimmer en bly naby klipperige plekke waar dit vir roofdiere kan wegkruip.

Imbila

Iphuma emini bese ilala ebusuku emigodini ephakathi kwamadwala. Iyathanda ukwethamela ilanga. Ingumgibeli onekhono futhi ihlala eduze nezindawo ezinamadwala lapho ikwazi khona ukucashela izilwane ezidla ezinye. Ibuye yaziwe ngokuthi yidasi.

Imbila

Imbila iphuma emini, kwaye ilale ebusuku kwimingxunya ephakathi kwamatye. Iyathanda ukugcakamela ilanga. Ngumkhweli oyincutshe kwaye ihlala kufutshane kwiindawo ezinamatye apho inokuzimela kumarhamncwa. Ikwaziwa njenge-dassie.

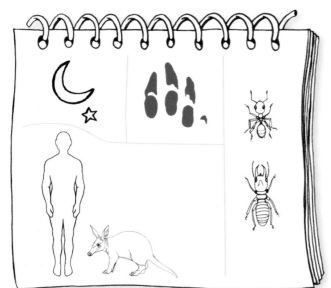

Aardvark

The aardvark is a very distinctive African mammal, with no close relatives. It comes out at night and digs for ants and termites to eat. It digs large burrows to sleep in during the day.

Erdvark

Die erdvark is 'n onmiskenbare Afrika-soogdier met geen nou verwante nie. Dit kom snags uit en grawe miere en termiete uit om te eet. Dit grawe groot gate waarin dit bedags slaap.

Isambane

Isilwane esincelisayo sase-Afrika esehluke kakhulu, esingenazihlobo eziseduze. Siphuma ebusuku ukuyokwemba izintuthwane nomuhlwa esiwudlayo. Semba imigodi emikhulu esilala kuyo emini.

Ihagu yomhlaba

Ihagu yasekhaya sisilwanyana esanyisayo esohluke kakhulu sase-Afrika, esingenazizalwana ezisondeleyo. Iphuma ebusuku yombe iimbovane neentubi itye. Yomba imingxuma emikhulu yokulala emini.

Pangolin

The pangolin's back and tail are covered by tough scales. To protect itself from predators, it rolls into a ball. Its favourite food is ants. Pangolins are quite rare, and difficult to find because they are mainly active at night.

Ietermagô

Die ietermagô se rug en stert is met harde skubbe bedek. Om hom teen roofdiere te beskerm krul hy hom in 'n bal op. Sy geliefkoosde kos is miere. Ietermagô's is taamlik skaars en word moeilik gevind omdat hulle hoofsaaklik snags aktief is.

Isambane esinamazekecela

Iqolo nomsila wesambane esinamazekecela kwembozwe ngamazekecela aqinile. Ukuzivikela ezilwaneni ezidla ezinye sizigoqa sibe yibhola. Ukudla esikuthanda kakhulu yizintuthwane. Izambane ezinamazekecela ziyivelakancane impela futhi kunzima ukuzithola ngoba zimatasatasa kakhulu ebusuku.

I-pangolin

Umqolo nomsila we-pangolin ugqunywe ngamaxolo omeleleyo. Ukuzikhusela kumarhamncwa, iyazisonga ibeyibhola. Ukutya ekuthandayo zimbovane. I-pangolin zinqabe kakhulu kwaye kunzima ukuzifumana kuba zisebenza kakhulu ebusuku.

Hedgehog

The hedgehog is usually active at night, but sometimes during the day too. Its back is covered with sharp prickles and, to protect itself from predators, it rolls into a spiky ball. During the winter it sleeps deeply for long periods.

Krimpvarkie

Die krimpvarkie is gewoonlik snags maar soms ook bedags aktief. Die rug is bedek met skerp penne en, om hom teen roofdiere te beskerm, krul hy hom in 'n stekelrige bal op. In die winter slaap hy lang rukke baie diep.

Inhloli

Ivamise ukuba matasatasa ebusuku, nasemini ngesinye isikhathi. Iqolo layo lembozwe ngameva ahlabayo kanti, ukuze izivikele ezilwaneni ezidla ezinye, izigoqa ibe yibhola elihlabayo. Ilala isikhathi eside ebusika.

Iintloni

Iintloni idla ngokusebenza ebusuku, ngamanye amaxesha nasemini. Umva wayo ugqunywe ngameva abukhali kwaye, ukuzikhusela kumarhamncwa, izisonga ibeyibhola yameva. Ebusika ilala kakhulu iiyure ezinde.

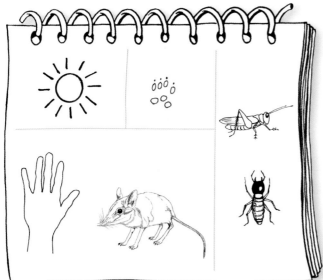

Four-toed elephant shrew

This is the largest species of elephant shrew in southern Africa. It is quite rare and difficult to find. It lives in pairs and clears pathways on the forest floor to make it easier to flee from predators.

Viertoonklaasneus

Dit is die grootste klaasneus in Suider-Afrika. Dis taamlik skaars en word moeilik gevind. Dit leef in pare en maak paadjies op die woudvloer skoon om makliker van roofdiere te vlug.

Ungoso ozinzwane zine

Lolu uhlobo longoso olukhulu kunazo zonke e-Afrika eseningizimu. Uyivelakancane impela futhi kunzima ukuwuthola. Bahlala ngababili ezindaweni zabo futhi bavula imizila phansi emhlathini ukuze kube lula ukubalekela izitha zabo.

Indlovu yenjalanekazi eneenzwane ezine

Le yeyona ntlobo yenjalanekazi kumazantsi e-Afrika. Inqabe kakhulu kwaye kunzima ukuyifumana. Ihlala ngambini emihlabeni kwaye ilungisa indlela phantsi ehlathini yenze kubelula ukuphuncuka kumarhamncwa.

Epauletted fruit bat

Bats are the only mammals that can fly; their wings are made of skin that is stretched between their long finger bones. They come out at night and catch insects or eat fruit. During the day bats hide in caves and other holes, or in trees, sometimes in colonies of thousands.

Witkol-vrugtevlermuis

Vlermuise is die enigste soogdiere wat kan vlieg; hul vlerke bestaan uit die vel wat tussen hul lang vingerbene gestrek is. Hulle kom snags uit en vang insekte of eet vrugte. Bedags skuil hulle in grotte en ander gate, soms in kolonies van duisende.

Ilulwane

Amalulwane ngukuphela kwezilwane ezincelisayo ezikwazi ukundiza; izimpiko zawo zenziwe ngesikhumba esinwetshwe phakathi kwamathambo amade eminwe. Aphuma ebusuku bese ebamba izinambuzane noma adle izithelo. Amalulwane acasha emigedeni nakweminye imigodi noma emithini emini, kwesinye isikhathi abasemihlamjini eyizinkulungwane.

Ilulwane

Amalulwane kuphela kwezilwanyana ezanyisayo ezikwaziyo ukubhabha; amaphiko alo enziwe ngesikhumba esilulwe phakathi keminwe emide engamathambo. Aphuma ebusuku ukubamba izinambuzane okanye atye iziqhamo. Emini amalulwane azimela emiqolobeni nakweminye imingxuma, okanye emithini ngamanye amaxesha ibe ngamawaka emikhosi.

Cape fur seal

Seals spend most of their time swimming in the sea where they catch fish and squid. The Cape fur seal can stay under water for up to seven minutes. It comes out onto rocks and beaches to breed in big colonies. Males are much bigger than females.

♀

Kaapse pelsrob

Robbe bring die meeste van hul tyd deur deur in die see te swem waar hulle visse en pylinkvisse vang. Die Kaapse pelsrob kan tot sewe minute lank onder die water bly. Groot kolonies gaan op rotse en strande aan land om aan te teel. Mannetjies is baie groter as wyfies.

Imvu yamanzi yaseKapa

Izimvu zasemanzini zisebenzisa isikhathi sazo esiningi zibhukuda olwandle lapho zibamba khona izinhlanzi nezilwanyana zasolwandle. Ikwazi ukuhlala ngaphansi kwamanzi isikhathi esingafinyelela emizuzwini eyisikhombisa. Ziphuma zihlale amadwaleni zibe ngamaqoqo amakhulu ukuze zizale. Amaduna makhulu kakhulu kunezinsikazi.

Inja yolwandle enoboya yaseKoloni

Iinja zolowandle zichitha ixesha lazo elininzi ziqubha elwandle apho zibamba iintlanzi kwaye nezilwanyane ezineengalo ezilishumi esifana nengwane. Ingahlala phantsi kwamanzi imizuzu esixhenxe. Iphuma iye ematyeni zihlale zibengamawaka emikhosi zincancise. Iinkunzi zinobukhulu kuneemazi.

Common dolphin

Dolphins swim together in big groups, called schools, that co-operate to catch fish. Sometimes they jump out of the water and surf big waves. Dolphins communicate with each other by means of whistles and clicks.

Gewone dolfyn

Dolfyne swem in groot groepe, bekend as skole, wat saamwerk om visse te vang. Soms spring hulle uit die water en ry op groot branders. Dolfyne kommunikeer met mekaar deur middel van fluite en klikgeluide.

Ihlengethwa elivamile

Amahlengethwa abhukuda ndawonye emaqenjini amakhulu abambisanayo ukuze abambe izinhlanzi. Ngesinye isikhathi ayagxuma aphume emanzini atshuze phezu kwamagagasi amakhulu. Axhumana namanye ngokusebenzisa imilozi nokuqoqoza.

Ihlengesi eliqhelekileyo

Amahlengesi aqubha kunye ngamaqela amakhulu, abizwa izikolo, asebenzisanayo ukubamba iintlanzi. Ngamanye amaxesha atsibela ngaphandle emanzini atyibilike kumaza amakhulu. Zincokola ngendlela yokukhwina nangezandi ezifutshane ezibukhali.

Southern right whale

This whale comes to the South African coast between July and November to give birth or mate. It can often be seen rolling, rearing up out of the water and slapping its tail on the surface. In about November, it swims south to Antarctica to feed on plankton, which it filters from the water.

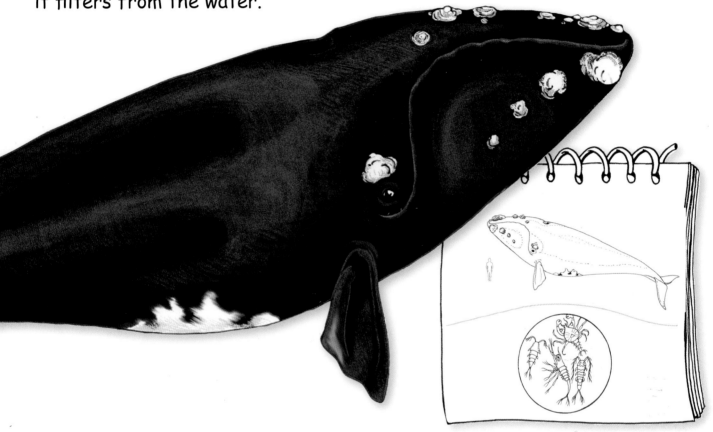

Suidkaper

Dié walvis kom tussen Julie en November na die kus van Suid-Afrika om te kalf en te paar. Dit rol, spring uit die water en klap met sy stert op die water. Teen November, swem dit suidwaarts na Antarktika om plankton te eet wat dit uit die water filtreer.

Umkhoma

Lo mkhoma uza olwandle lwaseNingizimu Afrika phakathi kukaNtulikazi noLwezi ukuzozala noma ukuzozalanisana. Ivame ukubonwa igingqika, igxuma bese ishaya ngemisila yayo phansi. NgoLwezi yehlela e-Antarctica; ukuyokudla okuntanta olwandle okuhluza emanzini.

Umnenga wasekunene waseMazantsi

Lo mnenga uza kunxweme laseMzantsi Afrika phakathi kukaJulayi noNovemba zizokuzala nokudibana ngesondo. Zingabonwa rhoqo zizibhuqa, zigobe ngemva kwaye ziqhwabe imisila yazo phantsi. NgoNovemba ziyehla ziye kwi-Antartktika ziyokutya izilwanyana ezincinane ezingenakubonwa ngeliso lenyama eziphila emanzini ezihluze emanzini.

Acknowledgements

I would like to thank Jennifer Schaum for mastering the transition from birds to mammals; the translators, Jan Moodie, Lindelwa Mahonga and Phumeza Dlukulu; and the team at Struik Nature, Pippa Parker, Louise Topping and Gill Gordon.

PETER APPS

This has been a wonderful opportunity to study some of the fascinating creatures that inhabit the African environment. It has been a privilege to work with Peter Apps, whose expert guidance and detailed knowledge have taught me so much. Thanks to Quin for your encouragement and understanding on this project, and also to the team at Struik Nature. I would like to dedicate this book to my parents.

JENNIFER SCHAUM

Black rhinoceros
(see page 8)

Published by Struik Nature
(an imprint of Penguin Random House South Africa (Pty) Ltd)
Reg. No. 1953/000441/07
The Estuaries No 4, Oxbow Crescent,
Century Avenue, Century City, 7441
PO Box 1144, Cape Town, 8000 South Africa

www.penguinrandomhouse.co.za

First published in 2008
10 9

Copyright © in text, 2008: Peter Apps
Copyright © in illustrations, 2008: Jennifer Schaum
Copyright © in published edition, 2008:
Penguin Random House South Africa (Pty) Ltd

Publishing manager: Pippa Parker
Managing editor: Helen de Villiers
Design director: Janice Evans
Designer: Louise Topping
Editor: Gill Gordon

Reproduction by Hirt & Carter Cape (Pty) Ltd
Printed and bound in China by RR Donnelley

ISBN: 9781770075191 (Print)
ISBN: 9781920572365 (ePub)

For more information on the mobile apps based on the *My First Book Of* series, visit
http://www.youngexplorerapps.com